語感をみがこう 見て・くらべて オノマトペ！

とことこ・ぶらぶら 動きのことば

ほるぷ出版

「オノマトペ」ってなに？

～「感じ」をもっと伝える言葉～

「オノマトペ」とは、ドアをたたく音「コンコン」やネコの鳴き声「ニャー」のような、ものの音や動物の鳴き声を人間の声であらわした言葉（擬音語または擬声語）と、よどみなくしゃべるようす「ぺらぺら」やひどくおどろいた感じ「ぎょっ」のような、もののようすや人の気持ちを、音そのものがもつ感じによってあらわした言葉（擬態語）のふたつをあわせた言葉です。

オノマトペを使うと、表現がとても生き生きとしたものになります。たとえば、試合のようすを書いた作文で「勝利が近づいてきたと感じた」というところを、「勝利がぐっと近づいてきたと感じた」としたらどうでしょう。「ぐっ」というオノマトペがあることで、その場にいるような臨場感が伝わります。さらに「勝利をぐっと引き寄せた感じがした」だと、あなたの実感がさらに伝わって、読む方も思わず引きこまれることでしょう。

こんなふうに、オノマトペには、表現を生き生きとさせ、人の心を「ぐっ」とわしづかみにしてしまう魅力があります。オノマトペは、気づいてみるとわたしたちの周囲に満ち満ちています。このオノマトペについて、ときに立ち止まって、その言葉のもつくわしい意味を考えたり、ちょっと音を変えてくらべてみたり（たとえば、「ぎょっ」と「げっ」では、印象はどのようにちがうでしょうか？）、似た意味のものを並べてちがいを考えたりすれば、オノマトペに対する感覚だけでなく、広く言葉に対する感覚をみがいていくことができるでしょう。

監修　小野正弘（明治大学文学部教授）

もくじ

マークの説明

使ってみよう
そのオノマトペを使った作文や、会話の例を紹介しています。

ここにあるよ！
文学作品の中で、そのオノマトペが使われている部分をぬき出して紹介しています。

こうしてできた！
そのオノマトペが生まれた背景、成り立ちを説明しています。

さがしてみよう！

身近にあるオノマトペ

歩いたり、食べたり、話したり……。わたしたちは、生活の中でいろいろな動きをしています。オノマトペを使うと、そんな人の動きやようすも、いきいきと表現することができます。

この他にも、人の動きやようすをあらわすオノマトペはたくさんあります。次のページから紹介していくので、自分のことや、聞いたこと、見たことをだれかに伝えたいとき、ぜひ使ってみてください。

とことこ

せまい歩幅で、足早にたどたどしく歩く音。また、そのときのようす。かわいらしさがあらわれる。

使ってみよう

かわいい子イヌがとことこ歩いているのを見て、わたしはイヌを飼いたくてたまらなくなった。

似た意味のオノマトペ

おちつきがないときは……

ちょこちょこ

意味

おちつきなく、せまい歩幅で歩いたり、小走りしたり、動き回ったりするようす。

使ってみよう

弟は、いつもぼくの後をちょこちょこついてきて、何でもぼくのまねをしたがる。

ぶらぶら

意味

はっきりした目的もなく、時間をかけてあちらこちらを歩き回るようす。

【別の意味】たれさがったものがゆれ動くようす。

使い方　いすに座って、足をぶらぶらさせる。

ここにあるよ！

『或日の事でございます。御釈迦様は極楽の蓮池のふちを、独りでぶらぶら御歩きになっていらっしゃいました。』

「蜘蛛の糸」芥川龍之介

似た意味のオノマトペ

同じところを行ったり来たり

うろうろ

意味

決心がつかずに動き回るようす。あやしげに同じ場所を行ったり来たりするようす。

使ってみよう

ぼくは、花屋さんに入るのがはずかしくて、しばらく店の前をうろうろしていた。

すたこら

急いで、足早に歩くようす。大急ぎでにげるようす。ものごとを素早く行うようすをあらわす「さっさ」と組みあわせて、「すたこらさっさ」という形で使うことも多い。

使ってみよう

忘れ物に気がついた真紀ちゃんは、わたしに「先に行ってて!」と言うと、今来た道を引きかえし、家に向かってすたこら走り出した。

似た意味のオノマトペ

より勢いがあるのは……

たたーっ

意味
勢いをつけて、軽々と一気に走りぬけるようす。わき目もふらず、目標に向かうようす。

使ってみよう

広場に行ったら、大輔君がたたーっとかけ寄ってきて、「ちょうどよかった! うちのチームに入ってよ」と言った。

ずんずん

意味

他のことには目を向けず、えんりょや手加減をすることなく力強く進んでいくようす。ものごとが次から次へと進んでいくようす。

ここにあるよ！

『これではいけないと思って、ふたたび静かなところに出て耳を澄ましますと、またはっきりと、よい音が聞こえてきましたから、今度は、その音のする方へずんずん歩いていきました。』

「青い時計台」小川未明

似た意味のオノマトペ

乱暴に入ってくるときは……

ずかずか

意味

少しのえんりょやためらいもなく、近寄ったり、部屋などに入りこんできたりするようす。乱暴な感じや、不快な気持ちがあらわれる。

使ってみよう

お兄ちゃんはいつもノックもしないで、ぼくの部屋にずかずか入ってくる。

起きる・立つ

のっそり

意味

おちついていてよゆうがあり、見おろすように立つようす。動作が重そうで、おそいようす。

ここにあるよ！

『うしろに、のっそりと人が立った気配がする。おどろいてふりかえって見ると、それは悦二郎氏だった。黒い服の上に鼠色のブルーズ※を着、肩に採集瓶をかけ、木の枝のようなものを手に持っている。』

「キャラコさん／ぬすびと」久生十蘭

※ブルーズ…ゆったりした上着。仕事着。

似た意味のオノマトペ

急にあらわれてびっくり！

ぬーっ

意味

前ぶれもなくあらわれたり、立ちあがったりするようす。何もしないでだまってつっ立っているようす。不気味さやおどろきがあらわれる。

使ってみよう

学校から帰ろうとすると、げた箱のかげから田中さんがぬーっとあらわれて、わたしが好きなアニメのシールをくれた。

すっく

意味

勢いよく、まっすぐ、上にのびあがるように立つようす。

使ってみよう

佐藤君は、けんかをしている二人の間にすっくと立ち、「やめろよ！」と大きな声で言った。

似た意味のオノマトペ

寝ている状態から起きあがるときは……

むっく

意味

突然、勢いよく起きあがるようす。「むくっ」とも言う。

使ってみよう

真夜中、横で寝ていたお姉ちゃんがむっくと起きあがって、「先生、その問題の答えは……わかりません」と言った。

すやすや

意味

静かに気持ちよさそうにねむっている寝息の音。また、そのときのようす。子どもや病人がねむっているようすをあらわすことが多い。

使ってみよう

「ねむくないもん！」と言っていた弟だが、ベッドに入って一分もたたないうちに、すやすや寝息を立て始めた。

似た意味のオノマトペ

ぐっと深いねむりなのは……

こんこん

意味

よくねむるようす。深くねむっているようす。

【別の意味】①かたいものが当たったときの軽い音。②軽くせきをするときの音。③キツネの鳴き声。

使ってみよう

夕方、サッカーの合宿から帰ってきたお兄ちゃんは、つかれきったのか、そのまま朝までこんこんとねむり続けた。

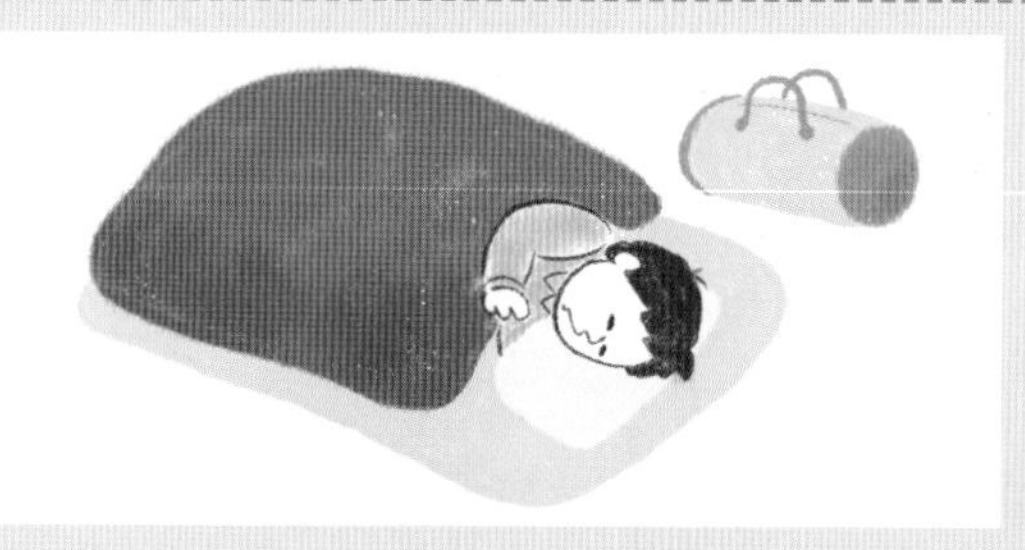

うとうと

意味

ねむ気が起こるようす。浅いねむりが少しの間続くようす。

ここにあるよ！

『それでもおじいさんは、ようやくの思いで、村はずれの小さな神社にたどりつきました。そして軒下にちぢこまって、吹雪のやむのを待っていましたが、知らぬ間に疲れが出て、うとうとと眠ってしまったのです。』

「夜の進軍らっぱ」小川未明

似た意味のオノマトペ

寝たり、起きたり……

うつらうつら

意味

ねむ気や病気などで、意識がうすれたりもどったりをくりかえすようす。

使ってみよう

昨夜、ぼくは高熱を出して、今朝もまだうつらうつらしている。

くらべてみると①

より深くねむっているのは、どっち？？

ぐっすり

すやすや

「**すやすや**（12ページ）」と「**ぐっすり**」は、深くねむるようすをあらわすオノマトペで、どちらの言葉からも、ねむることの幸福感までもが感じられます。では、より深くねむっているのは、どちらなのでしょうか？

それを考える前に、このふたつの言葉には使い方に大きなちがいがあることを確認しておく必要があります。「**ぐっすり**」は、自分がねむるようすにも、他人がねむるようすにも使うことができますが、「**すやすや**」は他人のことにしか使えません。「わたしは昨日、**すやすや**とよくねむれた」とは言いませんよね。

ですから、他人がねむっているようすを表現する場合でくらべることになりますが、まず「**すやすや**」は、深くねむるようすをあらわす他に、「赤ちゃんが**すやすや**寝息を立てている」のように、軽い寝息の音そのものを示すこともあります。また、少し前は「**すやすや**といびきをかく」などと、いびきの音にも使われていたようです。

「**ぐっすり**」は、今では深くねむるようすに使い方がほぼ限られていますが、古くは、「深く入りこむ音やようす」「じゅうぶんに、全部残らず行うようす」といった意味でも使われていました。たとえば、「積もった雪の中に**ぐっすり**足をふみいれる」「築きあげた財産を**ぐっすり**息子にゆずる」のような形でも使われていたのです。

このように、「**すやすや**」と「**ぐっすり**」がもともともっていた意味から考えてみると、**軽い寝息を立ててねむる「すやすや」よりも、深く、じゅうぶんにねむる「ぐっすり」の方が、よくねむっている**ということになります。

のらりくらり

意味

これといった仕事もしないで、毎日をなまけて過ごすようす。何を考えているのかがわかりにくく、気持ちや行動にゆるみがあるようす。

【別の意味】問題があっても、しっかり対応せずに、ごまかすようす。

使い方　相手からのするどい質問を、のらりくらりとかわす。

使ってみよう

お姉ちゃんは夏休みの間、店の手伝いをするとお母さんと約束したのに、結局毎日のらりくらりと過ごしている。

似た意味のオノマトペ

いらだたしいほど何もしない！

のめのめ

意味　しなければならないことをせず、何となく時間を過ごすようす。はずかしがることも、あわてることもなく、平気でいるようす。「おめおめ」とも言う。

使ってみよう

となり町のサッカーチームには、もう3連敗している。このままのめのめと負け続けるわけにはいかない。

だらだら

意味

価値のあることを何もしないで、なまけているようす。ものごとが、緊張感のないまま無意味に長引くようす。

【別の意味】水などが不快に流れ続けるようす。

使い方 かぜをひいて、鼻水がだらだら出る。

使ってみよう

せっかくのお休みなんだから、どこか連れて行ってよ！

休みの日に、家でだらだらするのが最高なんじゃないか。

似た意味のオノマトペ

より力がぬけているのは……

ぐだぐだ

意味

態度や行動にまよいがあり、ものごとの進み方がおそいようす。心も体もつかれきってしまい、力がぬけて役に立たなくなるようす。

使ってみよう

今日こそは、部屋のそうじをしようと思っていたのに、結局1日じゅうぐだぐだ過ごしてしまった。

きりきり

意味

体の内部をするどいものでさすような、痛みや寒さを感じるようす。

【別の意味】 ものがきしんだり、こすれたりするときのかん高い音。歯をくいしばる音や、そのときのようす。

使い方 テントのひもをきりきりとしばる。

使ってみよう

来週の演奏会のことを考えると、不安と緊張でおなかのあたりがきりきりと痛んだ。

似た意味のオノマトペ

ひふの痛みなら……

ひりひり

意味

ひふやのど、舌などがしげきされて、焼けるようなするどい痛みを感じ続けるようす。さしせまったときの緊張感が伝わるようす。

使ってみよう

海水浴はとても楽しかったけれど、日焼けして体じゅうがひりひりする。

ずきずき

意味

とぎれることなく、重く脈を打つように頭や傷口などがひどく痛むようす。体だけでなく、心が痛むときにも使われる。

使ってみよう

校庭で転んでしまった。ひざがずきずきと痛んだけれど、綾ちゃんが近くにいたので、ぼくは平気なふりをした。

似た意味のオノマトペ

たたかれるように痛いときは……

がんがん

意味

重みがあるもので連続してたたかれるような痛みや、うるさく感じるくらいの大きな音が、頭や耳に強くひびくようす。

【別の意味】かたくて重みがあるものを打ち続ける音。また、そのときのようす。

使ってみよう

父は、お酒をたくさん飲んだ次の日は、必ず頭ががんがん痛くなるらしい。わかっているなら、飲まなければいいのに。

よれよれ

意味

ひどくつかれて力が入らず、すっかり弱りきっているようす。

【別の意味】衣服や紙が古くなったり、しわが寄ったりして、はりがなくなっているようす。

使い方 よれよれのシャツにアイロンをかける。

使ってみよう

八〇〇メートル走に出場した姉は、前半トップを走っていたが、ラスト一〇〇メートルあたりでよれよれになってしまい、結局五位でゴールした。

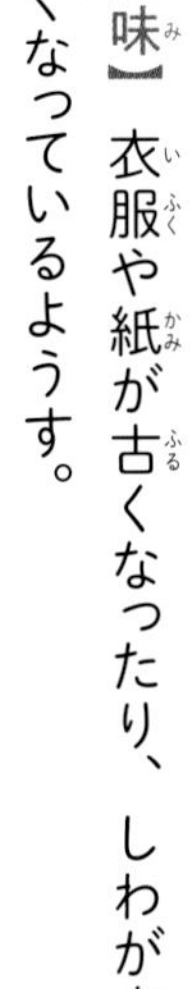

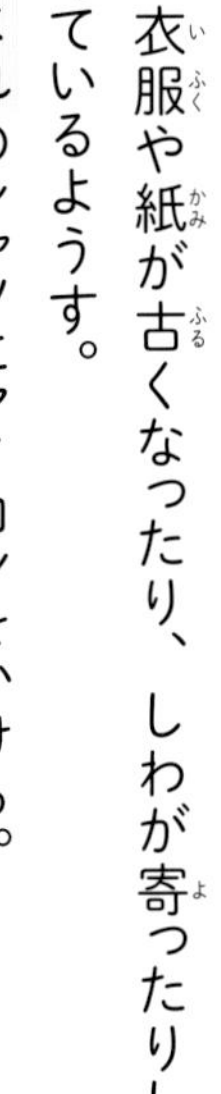

似た意味のオノマトペ

心までつかれきってしまったら……

ぼろぼろ

意味

心も体も、もとにもどらないと思うくらいにひどくつかれきっているようす。

【別の意味】①つぶの形をしたものが、次々にこぼれ落ちるようす。②ものや衣服などが、ひどくこわれたり破れたりするようす。

使ってみよう

試合に負けた上に、その後チームメイトとけんかをしてしまった。ぼくは、身も心もぼろぼろになって家へ帰った。

へとへと

意味

つかれがひどく、これ以上何もできないくらいに、体の力がほとんどなくなってしまうようす。

使ってみよう

山の頂上で写真をとったりおやつを食べたりしたいと思っていたけれど、頂上に着いたらもうへとへとで、何もする気になれなかった。

似た意味のオノマトペ

立っていられないくらいなら……

くたくた

意味

ひどくつかれて、全身の力がぬけるようにその場にたおれたり、座りこんだりするようす。

【別の意味】古くなってはりがなくなるようす。

こうしてできた！

「くた」は、力がなくなって弱ったようすをあらわす言葉で、「くちる（木や葉などがくさる。おとろえる）」の仲間と考えられる。「くたくた」は、もとはつかれたようすだけではなく、ものに力やはりがないようすをあらわす言葉としても使われていた。

ぴんぴん

意味

元気がよく活発で、生命力にあふれているようす。健康なようす。

ここにあるよ！

『何せこの犬ばかりは小十郎が四十の夏、うち中みんな赤痢にかかって、とうとう小十郎の息子とその妻も死んだ中に、ぴんぴんして生きていたのだ。』

「なめとこ山の熊」宮沢賢治

似た意味のオノマトペ

姿勢のよさに注目！

しゃん

意味

体をまっすぐに起こして、正しい姿勢でいるようす。気持ちが引きしまるようす。

【別の意味】すずや三味線を鳴らす音。

使ってみよう

児童代表としてステージにあがった智行君が、背筋をしゃんとのばして、堂々とあいさつをした。

ずんぐり

背が低くて体の肉づきがよく、太っているようす。ものが太くて短いようす。

使ってみよう

うちのネコは、ずんぐりした体つきをしているので、お姉ちゃんが「ぐり」という名前をつけた。

似た意味のオノマトペ

かわいらしさをプラス!

ぽっちゃり

意味

ほおや体がやわらかそうにふっくら太っていて、かわいらしいようす。

使ってみよう

バスで、となりの席に座った女の人が赤ちゃんをだっこしていた。ぽっちゃりしたかわいい赤ちゃんで、わたしは思わずその赤ちゃんのほっぺをさわりたくなった。

すらり

意味

立っている姿が、きれいにやせて見えるようす。背が高く、手足が長くのびていて形がいいようす。

使ってみよう

山内先生はすらりと背が高く、スポーツが得意で、みんなの人気者だ。

似た意味のオノマトペ

弱々しさを感じるときは……

ひょろり

意味

細長くて、弱々しいようす。やせて、背の高いさま。

【別の意味】力がぬけて、足もとがたしかでないさま。

ここにあるよ！

『木村は細長い顔の、目じりの長く切れた、口の小さな男で、背たけは人並みに高く、やせてひょろりとした上につんつるてんの着物を着ていましたから、ずいぶんと見すぼらしいふうでしたけれども、私の目にはそれがなんとなくありがたくって、聖者のおもかげを見る気がしたのです。』

「あの時分」国木田独歩

がくがく

意味

おそろしさやおどろき、寒さのために、ひざなどの体の一部がひどくふるえ続けるようす。固定されていたものがゆるんで、動きやすくなっているようす。

使ってみよう

おばけやしきから出たとき、哲也君は「たいしたことなかったなあ」と言ったけれど、哲也君のひざはがくがくふるえていた。

似た意味のオノマトペ

体全体がふるえるときは……

がたがた

意味

おそろしさや寒さのために、体全体が激しくふるえるようす。

【別の意味】かたいものがぶつかりあったときの、重く大きな音。

使い方 強風で窓ガラスががたがたと音を立てる。

使ってみよう

流星群を見ようと外に出たけれど、しばらく空を見あげているうちに、みんな寒さでがたがたふるえだした。

ちらちら

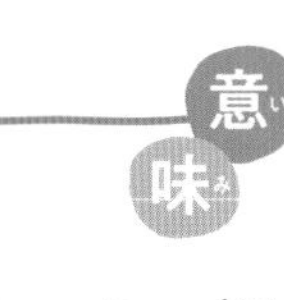

視線をわずかに向けたり、そらしたりをくりかえしながら見るようす。ものごとが素早く見えかくれしたり、思いうかんでは消えたりするようす。

使ってみよう

カーテンのすきまから、何かが動くのがちらちら見えた。そっとカーテンを開けてみると、ベランダに見たこともない鳥がとまっていた。

似た意味のオノマトペ

1回だけ見るときは……

ちらっ

意味

ほんの一瞬、わずかに見たり聞いたりするようす。

ここにあるよ！

「中村警部はその時、チラッと自分のほうを見た明智のへんな目つきに、気づかないではいられませんでした。

警部は「オヤッ」と思いました。あれはたしかに、いたずら小僧が、何かわるさをする時の目つきです。」

「青銅の魔人」江戸川乱歩

ぎろり

目玉などが、力強くするどく動いて光るようす。相手をこわがらせるように、するどい視線を送るようす。

使ってみよう

買い物から帰ってきたお母さんは、ちらかったままの部屋を見ると、ぼくとお父さんをぎろりとにらみつけた。

似た意味のオノマトペ

目の大きさを強調するなら……

ぎょろっ

目玉が大きく、するどく光っているようす。目を大きく見開いて、するどく一度だけにらむようす。

使ってみよう

恐竜が登場する映画を観た。恐竜のぎょろっとした目の動きが、本物みたいで迫力があった。

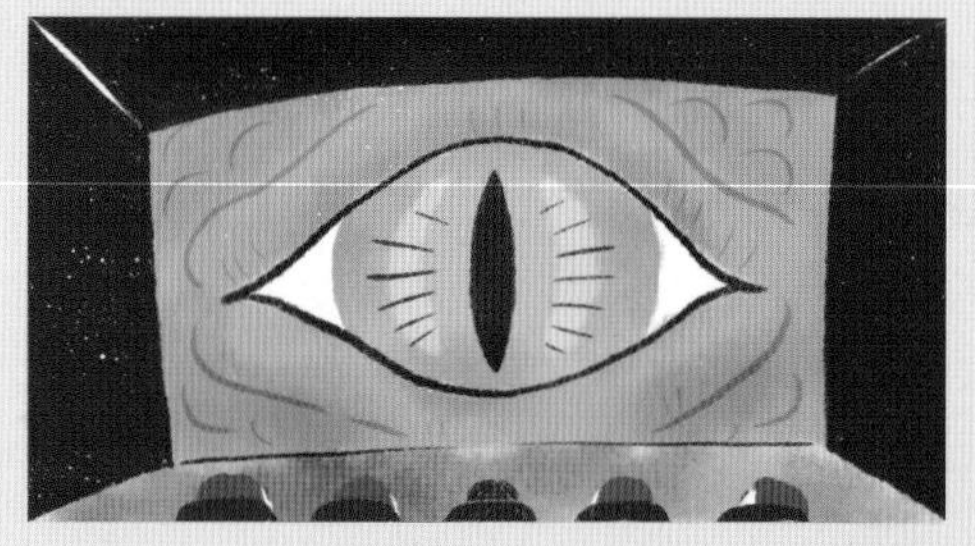

見る

ぼんやり

意味

もの の 形 や 色 が はっきりせず、よく 見えないようす。

【別の意味】元気がなく、気持ちが集中していないようす。

使い方　一日じゅうぼんやりと過ごす。

使ってみよう

昨日、UFOの写真をとったんだよ！　ほら！

うーん、ぼんやりしていて、よくわからないなあ。

似た意味のオノマトペ

かすかに感じられるときは……

ほんのり

意味

形、色、香りなどがかすかにあらわれるようす。

使ってみよう

「宮本君、すごい！」と、クラスの女の子たちにほめられて、宮本君の顔はほんのり赤くそまった。

まじまじ

意味

おどろいたときや、本当かうそかを確かめようとするときなどに、目線を動かさずにしっかりと見続けるようす。

ここにあるよ！

『暴君ディオニスは、群衆の背後から二人の様を、まじまじと見つめていたが、やがて静かに二人に近づき、顔をあからめて、こう言った。
「おまえらの望みは叶ったぞ。おまえらは、わしの心に勝ったのだ。（略）」』

「走れメロス」太宰治

似た意味のオノマトペ

えんりょなく見続けるときは……

じろじろ

意味

相手が失礼に感じるくらい、視線を動かしながら何度も見たり、注意深く観察したりするようす。

9 使ってみよう

ぱくぱく

意味

大きく口を開けて、勢いよくおいしそうに食べ続けるようす。

【別の意味】口を何度も開け閉めするようす。

使い方 池のコイが口をぱくぱくさせている。

使ってみよう

お母さんは悲しいドラマを見ながら、自分で作ったオムライスをぱくぱく食べていた。

似た意味のオノマトペ

食べるのに夢中！

むしゃむしゃ

意味

まわりを気にしないで、とぎれることなく口を動かし、一心に食べ続けるようす。

使ってみよう

お兄ちゃんは、よっぽどおなかがすいていたのか、席に着くなりハンバーガーをむしゃむしゃ食べ始めた。

ぽりぽり

意味

ややかたいものを、続けて軽やかにかみくだく音。また、そのときのようす。

こうしてできた！

「ほり」「ぽり」「ぼり」は、どれもものをかみくだく音や、そのときのようすをあらわすが、その食感は少しずつちがう。「ほり」は、少しかたいけれども、かむとすぐにくだけるような食感。「ぽり」は、軽い歯ごたえがあって、軽快にかみくだける感じ。「ぼり」は、強い歯ごたえがあって、それをかみくだく食感をあらわす。「ぽりぽり」のように二回重ねると、連続してかむことを表現するようになる。

似た意味のオノマトペ

もっとかたいものを
かむときは……

がりがり

意味

かたいものを、口を開けて思いきりかみくだく音。また、そのときのようす。

使ってみよう

うちのおじいちゃんは歯が丈夫なので、かたいアイスも勢いよくがりがり食べてしまう。

くちゃくちゃ

意味

ねばり気のあるものや、やわらかいものを、口の中で何度もかんだり、つぶしたりする音。また、そのときのようす。品のなさを感じさせることが多い。

使ってみよう

タコのおさしみが、なかなかかみきれないので、わたしはしばらくくちゃくちゃかんでいた。

似た意味のオノマトペ

もっと品がないのは……

べちゃべちゃ

意味

舌やくちびるで音を立てながら、品のない感じでものを食べるようす。

【別の意味】水分をふくんでやわらかくなったり、よごれたりしているようす。

使ってみよう

妹がゼリーをべちゃべちゃ食べている。「やめてよ、きたないなあ」と言ったら、母が「あなたの小さいころにそっくりよ」と言って笑った。

もぐもぐ

食べ物を口にほおばり、くちびるを閉じたまま何度もかむようす。とくに、やわらかいものを食べるときに使うことが多い。また、何か言いたげにくちびるを動かすようす。

使ってみよう

お姉ちゃんから文句を言われた妹が、何か言いたげに口をもぐもぐさせている。

似た意味のオノマトペ

水気がないときは……

もそもそ

意味

水分が少ない食べ物を食べるようす。また、おいしくなさそうにゆっくり食べるようす。

【別の意味】①小さな虫などがはい回るようす。②動作や態度がにぶいようす。

ここにあるよ!

「大学士はマッチをすって火をたき、それからビスケットを出しもそもそ喰べたり手帳に何か書きつけたりしばらくの間していたがおしまいに火をどんどん燃してごろりと藁にねころんだ。」

「楢ノ木大学士の野宿」宮沢賢治

くらべてみると②

より幸せそうに食べているのは、どっち??

ぱくぱく

もぐもぐ

おいしいものを食べると、だれもが幸せな気持ちになります。食べるようすをあらわすオノマトペはたくさんありますが、ここでは、「食べる」を代表するオノマトペとも言える「**ぱくぱく**」（29ページ）と「**もぐもぐ**」（32ページ）を取りあげて、どちらの方がより幸せそうかを考えてみたいと思います。

「**ぱくぱく**」は、勢いよく食べるようすの他に、「金魚が口を**ぱくぱく**させる」などのように「あわせ目が大きく開いたり閉じたりするようす」もあらわします。「**ぱくぱく**」は、ものを食べるときの、口を大きく開け閉めする動きに注目した言葉なのです。

「**もぐもぐ**」は、食べ物を、あまり口を開けずにかんで味わうようすをあらわす他に、「男は、口を**もぐもぐ**させながらつぶやいた」などのように、「口をあまり大きく開かずにあごを動かすようす」もあらわします。「**もぐもぐ**」は、外から見た口やあごの動きに注目した言葉なのです。

「口を大きく開け閉めしながら、勢いよく食べるようす」をあらわす「**ぱくぱく**」と、「口をあまり開けずに、口の中で食べ物を味わうようす」をあらわす「**もぐもぐ**」をくらべると、量をたくさん食べられそうなのは「**ぱくぱく**」です。しかし、食事の満足度を決めるのは、量だけではありません。**次から次へと食べていくという印象の「ぱくぱく」に対して、「もぐもぐ」には、食べ物を口の中でかみしめ、じゅうぶんに味わうという印象があります。このことから、「ぱくぱく」よりも「もぐもぐ」の方が、食べることをより楽しんでいて、幸せを感じる表現だと言えそうです。**

ごくごく

のどを鳴らしながら、飲み物を勢いよく飲む音。また、そのときのようす。

使ってみよう

仕事から帰ったお父さんは、いつものように着がえてソファに座り、テレビをつけると、ビールをおいしそうにごくごく飲んだ。

似た意味のオノマトペ

もっと大量に飲むときは……

がぶがぶ

意味

一度にたくさんの水や酒などを、大きな口を開けて勢いよく飲み続ける音。また、そのときのようす。

使ってみよう

庭のそうじを終えて、ぼくは麦茶をがぶがぶ飲んだ。

ずずっ

意味

みそしるやスープ、お茶などの飲み物、そばなどのめんを、口をすぼめて勢いよく吸いこむ音。鼻をすする音。

使ってみよう

慎介おじさんは、うちに遊びに来ると、必ず熱いお茶をずずっと飲んで、「ああ、うまいなあ」と言う。

似た意味のオノマトペ

一息に飲むときは……

ずーっ

意味

飲み物やめんなどを、勢いよく一息で吸いこむ音。

使ってみよう

テレビのグルメ番組で、タレントがラーメンのスープをずーっと飲むようすを見ていたら、おなかがすいてきた。

はきはき

意味

態度や話し方に、ためらいや、あいまいなところがなく、反応が早くて気持ちのよいようす。

使ってみよう

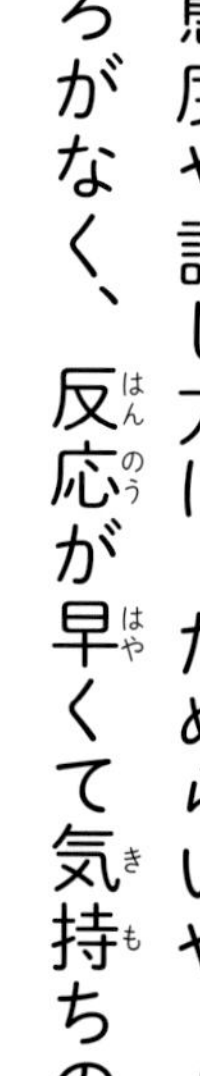

こんにちは！
コロッケ五個ください！
いらっしゃい。純君はいつもはきはきしていて、気持ちがいいねえ。

似た意味のオノマトペ

えんりょのない話し方なら……

ずばずば

意味

思ったことや、ものごとの重要な部分を、まわりに気をつかうことなくはっきり言うようす。

使ってみよう

お母さんは、だれに対しても思ったことをずばずば言ってしまうので、いっしょに出かけると、わたしはいつも気が休まらない。

べらべら

意味
次から次へと、うるさいほどしゃべり続けるようす。外国語などを、とどまることなく話すようす。

使ってみよう
加奈ちゃんは、「絶対に秘密だよ」と約束しても、すぐみんなにべらべらしゃべってしまう。

似た意味のオノマトペ

同じ話をくりかえすのは……

くどくど

意味
同じような話をしつこくくりかえし言うようす。うるさく長々としゃべり続けるようす。

ここにあるよ！

『「わあ、退屈した。くどくどと同じ事ばかり言っていやがる。このごろ急に、もっともらしい顔になって、神妙な事を言っているが、何を言ったって駄目さ。（略）」』

「新ハムレット」太宰治

きっぱり

意味

話すことや行動に、あいまいなところがないようす。思いきりがよくて、強い気持ちがあらわれているようす。

ここにあるよ！

『「このとき、正ちゃんは、クロ※と約束したことを思い出しました。僕は、おまえをかわいがってやるからといったことを思い出しました。
「僕、いやだ、やはり、クロを飼っておく。」と、きっぱりといいました。』

「僕がかわいがるから」小川未明

※クロ…犬の名前。

似た意味のオノマトペ

冷たい感じがするのは……

ぴしゃり

意味

手加減することなく、相手をおさえつけるような態度で断ったり、言いきったりするようす。

【別の意味】平たいものを強く打ったり、戸を乱暴に閉めたりしたときの軽い音。

使ってみよう

お父さんに、おこづかいの値あげをお願いしたら、「だめ」と一言、ぴしゃりと言われてしまった。

しどろもどろ

意味

緊張したり、あわてたりしているために、言うことや行動にまとまりがなく、ひどくみだれているようす。

使ってみよう

商店街で海外からの観光客に道をたずねられ、わたしはしどろもどろになってしまった。

似た意味のオノマトペ

聞いていていやになるのは……

ごちゃごちゃ

意味

言うことにまとまりがなく、混乱していて、整理されていないようす。聞き手がうるさく感じたり、いやになるような話し方。

【別の意味】いろいろなものが入り混じって集まっているようす。 使い方 引き出しの中がごちゃごちゃしている。

使ってみよう

待ちあわせにおくれて来た和也君が、ごちゃごちゃと言い訳ばかりするので、わたしはだんだん腹が立ってきた。

すらすら

話や動作、ものごとなどが、まちがえたりつかえたりすることなく、なめらかに進むようす。

使ってみよう

妹のクラスでは、全員がかけ算の九九をすらすら言えるようになったので、今は、どれだけ早く言えるかの競争がはやっているらしい。

似た意味のオノマトペ

軽い感じがするのは……

ぺらぺら

意味

よく考えず、軽々しい調子でいつまでもよくしゃべるようす。外国語などを、つかえることなくなめらかに話すようす。

【別の意味】紙や布などがうすくて弱いようす。

使い方 そのTシャツはぺらぺらで、すぐに破けそうだった。

使ってみよう

いとこの貴志兄ちゃんは、英語、フランス語、韓国語がぺらぺらだ。

ぶつくさ

意味

よく聞き取れないくらいの小さい声で、不平や不満を言い続けるようす。

使ってみよう

運動会でやるダンスのふりつけが気にいらないらしく、あかねちゃんはぶつくさ文句ばかり言っている。

似た意味のオノマトペ

はっきり反抗するのは……

つべこべ

意味

気にいらないことや言い訳などを、聞いている方がいやになるくらい、うるさく言うようす。出しゃばってあれこれとさかんにしゃべるようす。

使ってみよう

今日は宿題が多いんだ。苦手な算数！だいたい三角形の面積なんて、将来、何の役に立つのか……。

つべこべ言ってないで、さっさと始めなさいよ。

ぺちゃくちゃ

たいして重要ではないようなことや、うわさなどを、口数多くいつまでもしゃべり続けるようす。

使ってみよう

ぼくたちが公園に行くと、二人の女子高校生がベンチに座ってぺちゃくちゃしゃべっていて、ぼくたちが帰るときになってもまだしゃべっていた。

似た意味のオノマトペ

よりさわがしいのは……

わちゃわちゃ

意味

何人かで、いろいろなことをさかんに言いあうようす。

使ってみよう

学級会で、学芸会の出し物を決めようとしたけれど、みんなが好き勝手にわちゃわちゃ話すので、ちっとも決まらない。

くらべてみると③

より上手に話しているのは、どっち??

すらすら

ぺらぺら

英語などの外国語を上手に話している人を見ると、「英語が**すらすら**話せてすごいなあ」などと感心します。そして、こんなときには「英語が**ぺらぺら**話せてすごいなあ」と言ったりもします。言葉を上手になめらかに話すようすをあらわす「**すらすら**」と「**ぺらぺら**」(どちらも40ページ)では、どちらがより上手に話していると言えるでしょうか?

「**すらすら**」は、外国語を話すようすをあらわすだけでなく、「**すらすら**とペンを走らせる」「話が**すらすら**まとまる」のように使うこともできます。これは、「**すらすら**」に「引っかかることなく、なめらかに動作やものごとが進むようす」という広い意味があるからです。つまり、「外国語を**すらすら**話す」は、「言葉に引っかかりがなく、なめらかに会話が進むようす」をあらわしているのです。

一方の「**ぺらぺら**」も、外国語を話すようすの他に「秘密を**ぺらぺら**話す」「**ぺらぺら**の紙」などと使うことができます。これらの「**ぺらぺら**」には、「軽々しくて、うすっぺらいようす」という共通の意味があります。ですから、「外国語を**ぺらぺら**話す」は、「言葉につまることなく、軽快に話し続けるようす」をあらわしていると言えます。

本当に話が上手な人というのは、話し方がうまいだけでなく、話の内容や、相手にあたえる印象もよいものです。それをふまえてくらべてみると、**あまりよく考えずに軽々しく話しているイメージがある「ぺらぺら」よりも、軽々しさは感じられず、考えたことをきちんと言葉にして、なめらかに話しているイメージがある「すらすら」の方が、より上手に話している**と言えるのではないでしょうか。

もっと知りたい！

個性あふれるオノマトペ

小説や詩、短歌などの文学作品には、ときに作者の個性がキラリと光る、作者オリジナルのオノマトペを使った表現が登場します。どんな音やようすをあらわしているのかを想像しながら、声に出して読んでみましょう。

小説

寝言のようなことを二言三言つぶやいたかと思うと、かわいそうに、泰二君はとうとう気力がつきて、クナクナと、その場にたおれてしまいました。

江戸川乱歩「妖怪博士」より

私は朗らかな喜びでことこと笑い続けた。頭が拭われたように澄んで来た。微笑がいつまでもとまらなかった。

川端康成「伊豆の踊子」より

どっどど　どどうど　どどうど　どどう
青いくるみも吹きとばせ
すっぱいかりんも吹きとばせ
どっどど　どどうど　どどうど　どどう

宮沢賢治「風の又三郎」より

詩

サーカス小屋は高い梁
　そこに一つのブランコだ
見えるともないブランコだ
頭倒さに手を垂れて

短歌

もんもりと
雪ふりつもる
朝まだき
知音の墓は
求めて親しさ

北原白秋「白南風」より

たんたらたらたん
たらたらと
雨滴が
痛むあたまに
ひびくかなしさ

石川啄木「一握の砂」より

汚れ木綿の屋蓋のもと
ゆあーん　ゆよーん　ゆやゆよん

中原中也「サーカス」より

しののめきたるまえ
家家の戸の外で鳴いているのは鶏です
声をばながくふるわして
さむしい田舎の自然からよびあげる母の声です
とをてくう、とをるもう、とをるもう。

萩原朔太郎「鶏」より

俳句

うまそうな　雪がふうはり　ふうはりと

小林一茶

にょっぽりと　秋の空なる　富士の山

上島鬼貫

読む人の心に残るオノマトペの表現は、他にもたくさんあります。あなたも、お気にいりの表現を見つけてみましょう。そして、自由な発想で、あなただけのオノマトペをつくってみるのも楽しいですよ。

さくいん

シリーズ全4巻にのせているオノマトペをすべて集めて、あいうえお順にならべました。本や会話の中であったオノマトペの意味を、ぜひ調べてみてください。

（凡例）
①…気持ちのことば
②…自然のことば
③…動きのことば
④…ようすのことば
1～43…ページ数